Aimé Moussy

L'exorcisme et la délivrance en milieu chrétien

Aimé Moussy

L'exorcisme et la délivrance en milieu chrétien

La puissance de l'esprit

Éditions Croix du Salut

Cover image: www.ingimage.com

Publisher:
Éditions Croix du Salut
is a trademark of
Dodo Books Indian Ocean Ltd. and OmniScriptum S.R.L publishing group

120 High Road, East Finchley, London, N2 9ED, United Kingdom
Str. Armeneasca 28/1, office 1, Chisinau MD-2012, Republic of Moldova, Europe
Printed at: see last page
ISBN: 978-620-6-16846-1

"LA PUISSANCE DE L'ESPRIT: L'EXORCISME ET LA DELIVRANCE DANS LE MONDE SPIRITUEL"

AVANT-PROPOS

Le livre dont il est question appartient à l'église l'Arche de l'Alliance. Il est important de noter que l'église l'Arche de l'Alliance est une église chrétienne qui se base sur la Bible comme autorité suprême et qui croit en Jésus-Christ comme Sauveur et Seigneur.

Ce livre a pour objectif de nous enseigner sur la liberté en Christ et comment vivre pleinement cette liberté dans notre vie quotidienne. Il est basé sur des versets bibliques qui nous guident et nous encouragent dans notre marche avec Dieu.

Voici quelques versets bibliques qui illustrent le thème de la liberté en Christ :

- "C'est pour la liberté que Christ nous a affranchis. Demeurez donc fermes, et ne vous laissez pas mettre de nouveau sous le joug de la servitude." (Galates 5:1)

- "Maintenant, le Seigneur c'est l'Esprit ; et là où est l'Esprit du Seigneur, là est la liberté." (2 Corinthiens 3:17)

- "Si donc le Fils vous affranchit, vous serez réellement libres." (Jean 8:36)

Ces versets nous rappellent que Jésus-Christ est venu pour nous affranchir du péché et de la servitude, et nous donner une vie de liberté en lui. Nous sommes appelés à vivre dans cette liberté et à marcher dans la foi, la prière et la consécration à Dieu.

Que ce livre nous aide à comprendre et à vivre pleinement la liberté en Christ, et que nous puissions être des témoins de sa puissance dans nos vies.

CHAPITRE 1

INTRODUCTION A L'EXORCISME

L'exorcisme est un rituel religieux qui vise à chasser les esprits démoniaques ou maléfiques d'une personne, d'un lieu ou d'un objet. Il est souvent pratiqué dans le cadre de la spiritualité et de la foi, et il est important de comprendre que l'exorcisme ne doit être pratiqué que par des personnes qualifiées et autorisées par l'autorité religieuse compétente.

1.1 L'importance de la prière et de la foi

La prière et la foi sont des éléments essentiels dans l'exorcisme. La prière est un moyen de communiquer avec Dieu et de demander sa protection et son aide dans la lutte contre les forces démoniaques. La foi est la confiance en la puissance de Dieu et en sa capacité à chasser les esprits impurs. Sans une prière fervente et une foi solide, l'exorcisme peut être inefficace.

1.2 Les différents types de manifestations démoniaques

Les manifestations démoniaques peuvent varier en intensité et en nature. Certaines personnes peuvent être possédées par des esprits démoniaques, ce qui se manifeste par des changements de comportement, des paroles blasphématoires, des convulsions ou des connaissances surnaturelles. D'autres peuvent être affectées par des influences démoniaques, ce qui se traduit par des cauchemars récurrents, des pensées obsessionnelles ou des maladies inexplicables. Il est important de reconnaître les signes de manifestations démoniaques afin de pouvoir les traiter de manière appropriée.

1.3 La nécessité de se préparer spirituellement

Avant de pratiquer un exorcisme, il est essentiel de se préparer spirituellement. Cela implique de se purifier soi-même en confessant ses péchés, en priant pour la protection divine et en renforçant sa foi. Il est également important de se familiariser avec les prières et les rituels spécifiques à l'exorcisme, ainsi qu'avec les plantes et les herbes purificatrices qui peuvent être utilisées dans le processus.

En conclusion, l'exorcisme est un rituel religieux qui nécessite une préparation spirituelle, une prière fervente et une foi solide. Il est important de reconnaître les différents types de manifestations démoniaques et de se préparer adéquatement avant de pratiquer un exorcisme.

CHAPITRE 2

2.1 Les versets bibliques pour lutter contre les forces des ténèbres

La Bible est une source puissante de vérité et de pouvoir spirituel. Elle contient de nombreux versets qui peuvent être utilisés dans la lutte contre les forces des ténèbres lors d'un exorcisme. Voici quelques exemples de versets bibliques souvent utilisés :

- Éphésiens 6:12 : "Car nous n'avons pas à lutter contre la chair et le sang, mais contre les dominations, contre les autorités, contre les princes de ce monde de ténèbres, contre les esprits méchants dans les lieux célestes."

- Jacques 4:7 : "Soumettez-vous donc à Dieu; résistez au diable, et il fuira loin de vous."

- Matthieu 10:1 : "Il appela ses douze disciples, et leur donna le pouvoir de chasser les esprits impurs, et de guérir toute maladie et toute infirmité."

- Marc 16:17 : "Voici les miracles qui accompagneront ceux qui auront cru: en mon nom, ils chasseront les démons; ils parleront de nouvelles langues."

- Psaume 91:11-12 : "Car il ordonnera à ses anges de te garder dans toutes tes voies. Ils te porteront sur les mains, de peur que ton pied ne heurte contre une pierre."

2.2 La méditation et la proclamation des paroles divines

La méditation et la proclamation des paroles divines sont des pratiques spirituelles puissantes qui peuvent renforcer la foi et la confiance en Dieu lors d'un exorcisme. La méditation consiste à réfléchir profondément sur les versets bibliques et à les laisser pénétrer dans notre esprit et notre cœur. La proclamation consiste à déclarer à voix haute les vérités bibliques et à les affirmer avec foi et autorité.

Lors d'un exorcisme, il est bénéfique de méditer sur des versets bibliques pertinents et de les proclamer avec conviction. Cela peut aider à renforcer la foi de la personne exorcisée et à affaiblir les forces démoniaques.

Il est également important de se rappeler que la puissance des paroles divines ne réside pas dans la récitation mécanique, mais dans la foi et la confiance en Dieu.

En conclusion, les versets bibliques sont une arme puissante dans la lutte contre les forces des ténèbres lors d'un exorcisme. La méditation et la proclamation des paroles divines renforcent la foi et la confiance en Dieu, et affaiblissent les forces démoniaques. Il est essentiel de pratiquer ces disciplines spirituelles avec foi et autorité.

CHAPITRE 3

3.1 La confession des péchés et la repentance

La purification personnelle est un aspect essentiel de la lutte contre les forces des ténèbres lors d'un exorcisme. La confession des péchés et la repentance sont des pratiques spirituelles qui permettent de se libérer des liens du péché et de se rapprocher de Dieu.

La confession des péchés consiste à reconnaître et à avouer nos fautes devant Dieu. Cela implique d'admettre nos erreurs, nos mauvaises actions et nos pensées impures. La confession des péchés est un acte d'humilité et de contrition devant Dieu, et elle ouvre la voie à la repentance.

La repentance est un changement de mentalité et de comportement. C'est le fait de se détourner du péché et de se tourner vers Dieu. La repentance implique de reconnaître nos péchés, de ressentir un profond regret pour nos actions et de prendre la décision de changer notre manière de vivre. La repentance est un acte de foi et de confiance en la miséricorde et le pardon de Dieu.

Lors d'un exorcisme, il est important de guider la personne exorcisée dans la confession de ses péchés et dans la repentance. Cela permet de briser les liens du péché et d'ouvrir la voie à la purification et à la libération spirituelle.

3.2 L'importance de vivre dans la sainteté

Vivre dans la sainteté est un aspect crucial de la purification personnelle et de la lutte contre les forces des ténèbres. La sainteté est le fait de vivre en accord avec les commandements de Dieu et de se consacrer entièrement à lui.

La sainteté implique de se séparer du péché et des influences néfastes du monde. Cela signifie de renoncer aux pratiques et aux comportements qui sont contraires à la volonté de Dieu. Vivre dans la sainteté demande un engagement constant à suivre les enseignements de

Jésus et à marcher dans la voie de la justice et de la vérité.

Lors d'un exorcisme, il est important d'encourager la personne exorcisée à vivre dans la sainteté. Cela peut inclure des conseils pratiques tels que éviter les lieux et les activités qui favorisent le péché, cultiver une vie de prière et de méditation régulière, et s'entourer de personnes qui partagent la même vision de la sainteté.

En conclusion, la purification personnelle est un aspect essentiel de la lutte contre les forces des ténèbres lors d'un exorcisme. La confession des péchés et la repentance permettent de se libérer des liens du péché et de se rapprocher de Dieu. Vivre dans la sainteté est important pour maintenir une vie spirituelle saine et résister aux attaques des forces démoniaques.

CHAPITRE 4

4.1 Les différentes formes de prière pour l'exorcisme

La prière de délivrance est une pratique spirituelle qui vise à libérer une personne des influences démoniaques. Il existe différentes formes de prières utilisées lors d'un exorcisme, chacune ayant son propre objectif et sa propre approche.

La prière d'autorité est une forme de prière qui s'appuie sur l'autorité donnée par Jésus aux croyants pour chasser les démons. Elle consiste à commander aux esprits impurs de quitter la personne exorcisée au nom de Jésus. Cette prière est souvent utilisée en conjonction avec des gestes symboliques tels que l'imposition des mains ou l'utilisation d'objets bénis.

La prière de supplication est une forme de prière qui implore la miséricorde et l'intervention divine pour libérer la personne exorcisée. Elle consiste à demander à Dieu de venir en aide et de délivrer la personne des forces démoniaques. Cette prière est souvent accompagnée de jeûne et de pénitence pour montrer à Dieu notre sincérité et notre désir de changement.

La prière de louange et d'adoration est une forme de prière qui glorifie Dieu et reconnaît sa puissance et sa souveraineté. Elle consiste à louer Dieu pour sa grandeur et à adorer son nom saint. Cette prière est souvent utilisée pour renforcer notre relation avec Dieu et pour nous rappeler que sa puissance est supérieure à celle des forces démoniaques.

4.2 L'invocation du Saint-Esprit et l'appel à la puissance divine

L'invocation du Saint-Esprit est une pratique spirituelle qui consiste à appeler la présence et la puissance du Saint-Esprit lors d'un exorcisme. Le Saint-Esprit est considéré comme la troisième personne de la Trinité et est souvent associé à la puissance divine et à la force nécessaire pour combattre les forces des ténèbres.

L'invocation du Saint-Esprit peut se faire par le biais de prières spécifiques, de chants de louange ou de moments de silence et de méditation. L'objectif est d'ouvrir notre cœur et notre esprit à l'action du Saint-Esprit et de permettre à sa puissance de se manifester dans notre vie et dans celle de la personne exorcisée.

L'appel à la puissance divine est une pratique qui consiste à reconnaître que nous ne pouvons pas lutter contre les forces démoniaques par nos propres forces, mais que nous avons besoin de l'aide et de la puissance de Dieu. Cela implique de se tourner vers Dieu avec humilité et de lui demander de nous fortifier et de nous protéger dans notre lutte contre les forces des ténèbres.

<u>En conclusion</u>, la prière de délivrance est une pratique spirituelle qui vise à libérer une personne des influences démoniaques. Les différentes formes de prière, telles que la prière d'autorité, la prière de supplication et la prière de louange et d'adoration, sont utilisées lors d'un exorcisme pour appeler la puissance divine et invoquer le Saint-Esprit. Ces pratiques nous aident à nous connecter avec Dieu et à recevoir sa puissance pour combattre les forces des ténèbres.

CHAPITRE 5

5.1 L'utilisation des objets sacrés

Lors d'un exorcisme ou d'une prière de délivrance, l'utilisation d'objets sacrés peut être bénéfique pour renforcer la protection spirituelle. Voici quelques exemples d'objets sacrés couramment utilisés :

- L'eau bénite : L'eau bénite est de l'eau qui a été bénie par un prêtre. Elle est considérée comme ayant des propriétés purificatrices et protectrices. L'eau bénite peut être utilisée pour asperger la personne exorcisée ou pour bénir l'environnement.

- Le crucifix : Le crucifix est un symbole chrétien représentant la crucifixion de Jésus. Il est souvent utilisé comme un objet de protection contre les forces démoniaques. Le crucifix peut être tenu ou placé près de la personne exorcisée pendant la prière de délivrance.

- L'huile sainte : L'huile sainte est une huile qui a été bénie par un prêtre. Elle est souvent utilisée pour l'onction lors d'un exorcisme ou d'une prière de délivrance. L'onction avec l'huile sainte est considérée comme un moyen de recevoir la grâce et la protection divine.

Il est important de noter que ces objets sacrés ne sont pas magiques en eux-mêmes, mais ils sont utilisés comme des symboles de la présence et de la puissance divine. Ils peuvent aider à renforcer notre foi et notre confiance en Dieu pendant un exorcisme ou une prière de délivrance.

5.2 Les prières de protection

Les prières de protection sont des prières spécifiques qui visent à demander la protection divine pour soi-même et pour autrui. Elles peuvent être utilisées avant, pendant ou après un exorcisme ou une prière de délivrance. Voici quelques exemples de prières de protection :

- La prière du Notre Père : Le Notre Père est une prière chrétienne qui a été enseignée par Jésus à ses disciples. Elle peut être récitée comme une prière de protection pour demander la guidance et la protection divine.

- La prière de Saint Michel Archange : Saint Michel Archange est considéré comme le chef des anges et le protecteur contre les forces démoniaques. Sa prière peut être récitée pour demander sa protection et son aide dans la lutte contre les forces des ténèbres.

- La prière de protection de l'armure de Dieu : Cette prière est basée sur les enseignements de l'apôtre Paul dans la Bible. Elle consiste à demander à Dieu de nous revêtir de son armure spirituelle pour nous protéger contre les attaques du diable.

Ces prières de protection peuvent être récitées avec foi et confiance en la puissance de Dieu. Elles nous aident à nous connecter avec Dieu et à recevoir sa protection et sa guidance pendant un exorcisme ou une prière de délivrance.

En conclusion, l'utilisation d'objets sacrés tels que l'eau bénite, le crucifix et l'huile sainte peut renforcer la protection spirituelle lors d'un exorcisme ou d'une prière de délivrance. Les prières de protection, telles que le Notre Père, la prière de Saint Michel Archange et la prière de l'armure de Dieu, sont utilisées pour demander la protection divine pour soi-même et pour autrui. Ces pratiques nous aident à nous tourner vers Dieu et à recevoir sa protection et sa guidance dans notre lutte contre les forces des ténèbres.

CHAPITRE 6

6.1 Les symptômes physiques et psychologiques

La possession démoniaque peut se manifester par une variété de symptômes physiques et psychologiques. Voici quelques exemples courants :

- Les convulsions et les tremblements : La personne possédée peut éprouver des convulsions et des tremblements incontrôlables, souvent accompagnés de cris ou de grognements.

- Les maux de tête et les douleurs corporelles : La personne possédée peut ressentir des maux de tête intenses et des douleurs corporelles inexplicables, qui ne peuvent pas être expliquées par des causes médicales.

- Les changements d'apparence : La personne possédée peut subir des changements physiques temporaires tels que des yeux qui deviennent noirs ou des traits du visage qui se déforment.

- Les troubles du sommeil : La personne possédée peut souffrir d'insomnie, de cauchemars fréquents ou de somnambulisme.

- Les changements d'appétit : La personne possédée peut avoir des envies alimentaires inhabituelles ou perdre complètement l'appétit.

- Les troubles émotionnels : La personne possédée peut éprouver des sautes d'humeur extrêmes, des sentiments de tristesse ou de colère intenses sans raison apparente.

- Les pensées suicidaires : La personne possédée peut avoir des pensées suicidaires ou des idées obsessionnelles de mort.

Il est important de noter que ces symptômes peuvent également être causés par des problèmes de santé mentale ou physique, il est donc essentiel de consulter un professionnel de la santé pour un diagnostic approprié.

6.2 Les comportements inhabituels et les changements d'attitude

En plus des symptômes physiques et psychologiques, la possession démoniaque peut également se manifester par des comportements inhabituels et des changements d'attitude. Voici quelques exemples :

- La violence et l'agressivité : La personne possédée peut devenir extrêmement violente et agressive, souvent sans raison apparente.

- La profanation et le blasphème : La personne possédée peut proférer des paroles blasphématoires ou profaner des objets religieux.

- La connaissance de l'inconnu : La personne possédée peut avoir une connaissance détaillée de personnes ou d'événements qu'elle ne devrait pas connaître.

- La lévitation ou la force surhumaine : Dans certains cas extrêmes, la personne possédée peut démontrer des capacités physiques surhumaines, telles que la lévitation ou la force extraordinaire.

- La répulsion envers les objets sacrés : La personne possédée peut réagir violemment ou être repoussée par les objets sacrés tels que les crucifix ou l'eau bénite.

- Les langues inconnues : La personne possédée peut parler dans des langues inconnues ou étranges, souvent avec une voix différente de la sienne.

Ces comportements inhabituels et changements d'attitude peuvent être des signes de possession démoniaque, mais il est important de les évaluer avec prudence et de consulter un professionnel qualifié pour un diagnostic approprié.

En conclusion, la possession démoniaque peut se manifester par une variété de symptômes physiques et psychologiques tels que les convulsions, les maux de tête, les changements d'apparence et les troubles émotionnels. Elle peut également se manifester par des comportements inhabituels tels que la violence, la profanation et la répulsion envers les objets sacrés. Il est essentiel de consulter un professionnel de la santé ou un spécialiste de l'exorcisme pour un diagnostic approprié et une prise en charge adéquate.

CHAPITRE 7

7.1 La prière de discernement et d'intercession

Avant de procéder à un exorcisme, il est essentiel de se préparer spirituellement par la prière. La prière de discernement et d'intercession est une étape cruciale pour demander la guidance de Dieu et la protection contre les forces démoniaques.

La prière de discernement consiste à demander à Dieu de nous donner la sagesse et la clarté pour discerner si une personne est réellement possédée par un démon. Il est important de ne pas prendre à la légère les symptômes et les comportements inhabituels, mais de les évaluer avec prudence et discernement.

La prière d'intercession consiste à prier pour la personne possédée, en demandant à Dieu de lui accorder la délivrance et la guérison. Il est important de prier avec foi et confiance en la puissance de Dieu pour vaincre les forces démoniaques.

7.2 La constitution d'une équipe d'intercesseurs

L'exorcisme est une tâche difficile et dangereuse qui ne doit pas être entreprise seul. Il est important de constituer une équipe d'intercesseurs expérimentés et spirituellement forts pour soutenir le processus d'exorcisme.

L'équipe d'intercesseurs peut être composée de prêtres, de pasteurs, de conseillers spirituels et de personnes ayant une expérience dans la prière de délivrance. Chaque membre de l'équipe doit être engagé dans une vie de prière et de sainteté, et être prêt à affronter les forces démoniaques avec foi et autorité spirituelle.

Il est également important de se préparer physiquement en portant des vêtements appropriés, tels que des vêtements blancs ou des vêtements liturgiques, et en apportant des objets sacrés tels que des crucifix, de l'eau bénite et des huiles saintes.

En conclusion, avant de procéder à un exorcisme, il est essentiel de se préparer spirituellement par la prière de discernement et d'intercession. Il est également important de constituer une équipe d'intercesseurs expérimentés et spirituellement forts pour soutenir le processus d'exorcisme. La préparation spirituelle et physique est cruciale pour affronter les forces démoniaques avec foi et autorité spirituelle.

CHAPITRE 8

8.1 L'invocation du nom de Jésus Christ

L'une des premières étapes de l'exorcisme est l'invocation du nom de Jésus Christ. Le nom de Jésus est puissant et a le pouvoir de chasser les démons. En invoquant le nom de Jésus, nous reconnaissons sa souveraineté et son autorité sur les forces démoniaques.

Il est important d'invoquer le nom de Jésus avec foi et confiance, en sachant que c'est par son nom que nous pouvons obtenir la victoire sur les esprits impurs. Nous pouvons dire des prières telles que "Au nom de Jésus, je te commande, esprit impur, de sortir de cette personne" ou "Jésus, libère cette personne de tout esprit malin qui la tourmente".

8.2 La prière de libération et de renoncement aux esprits impurs

La prière de libération et de renoncement aux esprits impurs est une étape essentielle de l'exorcisme. Cette prière consiste à demander à Dieu de libérer la personne possédée de l'emprise des esprits impurs et de renoncer à toute influence démoniaque dans sa vie.

Dans cette prière, nous pouvons demander à Dieu de briser les liens qui retiennent la personne captive, de détruire les œuvres des ténèbres et de la remplir de son Esprit Saint. Nous pouvons également demander à Dieu de pardonner les péchés de la personne et de la purifier de toute souillure spirituelle.

Il est important de prier avec foi et autorité, en utilisant les paroles de la Bible et en invoquant le pouvoir du Saint-Esprit. Nous pouvons dire des prières telles que "Au nom de Jésus, je te commande, esprit impur, de sortir de cette personne et de la laisser en paix" ou "Seigneur, libère cette personne de tout esprit malin et remplis-la de ton Esprit Saint".

En conclusion, les étapes de l'exorcisme comprennent l'invocation du nom de Jésus Christ et la prière de libération et de renoncement aux esprits impurs. En invoquant le nom de Jésus avec foi et confiance, nous reconnaissons sa souveraineté et son autorité sur les forces démoniaques. La prière de libération et de renoncement consiste à demander à Dieu de libérer la personne possédée de l'emprise des esprits impurs et de renoncer à toute influence démoniaque dans sa vie. Il est important de prier avec foi et autorité, en utilisant les paroles de la Bible et en invoquant le pouvoir du Saint-Esprit.

CHAPITRE 9

9.1 La protection contre les attaques démoniaques

Lorsque nous sommes confrontés à des attaques démoniaques, il est important de demander à Dieu une protection contre ces forces maléfiques. Nous pouvons prier pour que Dieu nous entoure de sa présence et de sa puissance, afin que nous soyons protégés des attaques des esprits impurs.

Dans nos prières de protection, nous pouvons demander à Dieu de placer une barrière de protection autour de nous, de notre famille et de nos proches Nous pouvons nous vêtir de son armure spirituelle, telle que décrite dans la Bible, pour nous protéger contre les attaques du diable.

Il est important de prier avec foi et confiance, en sachant que Dieu est plus puissant que tout esprit malin et qu'il peut nous protéger des attaques démoniaques , il demande de une barrière de protection autour de moi et de ma famille, afin que nous soyons à l'abri des attaques démoniaques" ou "Au nom de Jésus, je renonce à toute influence démoniaque dans ma vie et je demande à Dieu de me revêtir de son armure spirituelle pour me protéger".

9.2 La restauration de l'âme et du corps

Lorsque nous sommes confrontés à des attaques démoniaques, notre âme et notre corps peuvent être affaiblis et blessés. Il est important de demander à Dieu de restaurer notre âme et notre corps, de nous guérir de toute blessure spirituelle et de nous donner la force et la santé.

Dans nos prières de restauration, nous pouvons demander à Dieu de guérir nos blessures émotionnelles, de nous libérer de toute oppression spirituelle et de nous donner la paix et la joie. Nous pouvons également demander de guérir nos maladies physiques et de nous donner la force et la vitalité. Il est important de prier avec foi et confiance en la grandeur de Dieu, en croyant qu'il peut restaurer et guérir. Nous pouvons dire des prières telles que "Seigneur, je te demande de guérir mes blessures et de me donner la paix et la joie" ou "Seigneur, je renonce à toute maladie dans mon corps et je demande ta guérison et ta vitalité".

CHAPITRE 10

10.1 Les chants spirituels pour chasser les forces des ténèbres

La louange et l'adoration sont des armes puissantes dans la lutte spirituelle contre les forces des ténèbres. Les chants spirituels ont le pouvoir de chasser les esprits impurs et de libérer une atmosphère de paix et de joie.

Lorsque nous chantons des chants spirituels, nous élevons nos voix vers Dieu et nous proclamons sa grandeur et sa puissance. Ces chants sont souvent remplis de vérités bibliques et de déclarations de foi, ce qui renforce notre confiance en Dieu et affaiblit les attaques démoniaques.

Les chants spirituels peuvent également nous concentrer Die et à éloigner des distractions et des influences négatives. Ils nous permettent de nous connecter avec Dieu d'une manière profonde et intime, ce qui renforce notre relation avec lui et nous donne la force de résister aux attaques du diable.

Il est important de chanter avec un cœur sincère et une attitude de gratitude envers Dieu. Lorsque nous louons et adorons Dieu, nous lui offrons notre amour et notre reconnaissance, ce qui lui plaît et attire sa présence dans nos vies.

10.2 L'élévation de l'âme vers Dieu

L'adoration est un acte d'élévation de l'âme vers Dieu. C'est une expression de notre amour et de notre dévotion envers lui. Lorsque nous adorons Dieu, nous reconnaissons sa grandeur, sa sainteté et sa souveraineté.

L'adoration nous permet de nous humilier devant Dieu et de reconnaître notre dépendance totale envers lui. C'est un moyen de nous soumettre à sa volonté et de lui offrir notre vie entière.

Lorsque nous élevons notre âme vers Dieu dans l'adoration, nous nous détachons des préoccupations terrestres et nous nous concentrons sur les choses d'en haut. Cela nous aide à garder notre perspective spirituelle et à ne pas être accablés par les difficultés de la vie.

L'adoration est également un moyen de recevoir la présence de Dieu dans nos vies. Lorsque nous adorons Dieu avec un cœur sincère, il se manifeste à nous et nous remplit de sa paix, de sa joie et de sa puissance.

En conclusion, la louange et l'adoration sont des pratiques spirituelles essentielles dans la lutte contre les forces des ténèbres. Les chants spirituels ont le pouvoir de chasser les esprits impurs et de créer une atmosphère de paix et de joie. L'adoration est un acte d'élévation de l'âme vers Dieu, qui renforce notre relation avec lui et nous remplit de sa présence.

CHAPITRE 11

11.1 La prudence et la sagesse dans les pratiques spirituelles

Lorsqu'il s'agit de pratiques spirituelles telles que l'exorcisme, il est essentiel d'agir avec prudence et sagesse. Il est important de ne pas prendre à la légère les forces des ténèbres et de ne pas sous-estimer leur pouvoir.

Il est crucial de se préparer adéquatement avant d'entreprendre un exorcisme. Cela implique de se familiariser avec les enseignements bibliques sur la lutte spirituelle, de se former et de se soumettre à des mentors spirituels expérimentés.

Il est également important de discerner la source des manifestations spirituelles. Toutes les manifestations ne sont pas nécessairement le résultat d'une influence démoniaque. Il est essentiel de rechercher la sagesse de Dieu et de demander la guidance du Saint-Esprit pour discerner si une intervention spirituelle est nécessaire.

Il est également important de ne pas agir de manière impulsive ou téméraire lors d'un exorcisme. Il est préférable de procéder avec prudence et de prendre le temps de prier, de rechercher la volonté de Dieu et de demander sa direction.

11.2 L'humilité et la soumission à Dieu

L'humilité et la soumission à Dieu sont des qualités essentielles lors d'un exorcisme. Il est important de reconnaître que nous ne sommes que des instruments entre les mains de Dieu et que c'est lui qui a le pouvoir de chasser les forces des ténèbres.

L'humilité nous aide à nous soumettre à la volonté de Dieu et à ne pas agir selon nos propres désirs ou motivations. Nous devons nous rappeler que notre rôle est de coopérer avec Dieu et de lui permettre d'agir à travers nous.

L'humilité nous aide également à garder une attitude de dépendance envers Dieu. Nous devons reconnaître que nous ne pouvons pas vaincre les forces des ténèbres par nos propres forces, mais que nous avons besoin de la puissance de Dieu pour le faire.

La soumission à Dieu implique de lui obéir et de suivre ses directives. Nous devons être disposés à nous soumettre à sa volonté, même si cela signifie renoncer à nos propres désirs ou préférences.

En conclusion, lors d'un exorcisme, il est important d'agir avec prudence et sagesse, en se préparant adéquatement et en discernant la source des manifestations spirituelles. L'humilité et la soumission à Dieu sont également essentielles, nous aidant à reconnaître notre dépendance envers lui et à suivre sa volonté.

CHAPITRE 12

12.1 Le suivi spirituel

Après un exorcisme, il est essentiel de fournir un suivi spirituel aux personnes libérées. Cela implique de les accompagner dans leur cheminement spirituel et de les aider à renforcer leur relation avec Dieu.

Le suivi spirituel peut inclure des rencontres régulières avec un mentor spirituel ou un conseiller chrétien. Ces rencontres permettent à la personne libérée de partager ses expériences, ses luttes et ses victoires, et de recevoir des conseils et un soutien spirituel.

Il est également important de continuer à enseigner à la personne libérée les principes bibliques de la lutte spirituelle et de l'aider à développer des pratiques spirituelles saines, telles que la prière, la lecture de la Bible et la méditation.

Le suivi spirituel peut également inclure la participation à des groupes de prière ou à des groupes de soutien spirituel. Ces groupes offrent un environnement de soutien et de camaraderie où les personnes libérées peuvent partager leurs expériences et recevoir des prières et des encouragements.

12.2 L'importance de la communauté chrétienne

La communauté chrétienne joue un rôle crucial dans l'accompagnement post-exorcisme. Il est important que les personnes libérées soient intégrées dans une communauté chrétienne aimante et soutenante.

La communauté chrétienne offre un environnement où les personnes libérées peuvent se sentir acceptées, aimées et soutenues. Elle leur offre également des opportunités de servir et de s'engager dans des activités spirituelles, ce qui contribue à renforcer leur relation avec Dieu.

La communauté chrétienne peut également offrir un soutien pratique aux personnes libérées, telles que l'aide pour trouver un logement, un emploi ou des ressources pour leur rétablissement.

Il est important que la communauté chrétienne soit informée et formée sur la lutte spirituelle et l'accompagnement post-exorcisme. Cela permettra à la communauté de mieux comprendre les besoins des personnes libérées et de leur offrir un soutien approprié.

En conclusion, l'accompagnement post-exorcisme est essentiel pour aider les personnes libérées à se rétablir spirituellement. Cela implique un suivi spirituel régulier, l'enseignement des principes bibliques de la lutte spirituelle et l'intégration dans une communauté chrétienne aimante et soutenante.

CHAPITRE 13

13.1Les prières de bénédiction pour la maison

Les prières de bénédiction pour la maison sont des prières spécifiques qui sont utilisées pour demander la bénédiction de Dieu sur notre foyer et notre lieu de vie. Ces prières peuvent être récitées régulièrement pour maintenir une atmosphère spirituelle positive dans notre maison.
Il existe différentes prières de bénédiction pour la maison, mais elles ont toutes en commun l'invocation de la présence de Dieu, la demande de protection contre les forces spirituelles négatives et la demande de bénédiction sur tous ceux qui vivent dans la maison.

Voici un exemple de prière de bénédiction pour la maison :

"Seigneur, nous te remercions pour cette maison que tu nous as donnée. Nous te demandons de bénir cette maison et tous ceux qui y vivent. Que ta présence remplisse chaque pièce et que ton amour et ta paix soient ressentis par tous ceux qui entrent ici. Nous te demandons de protéger cette maison contre toutes les forces spirituelles négatives et de nous accorder la sagesse et la force pour vivre selon ta volonté. Au nom de Jésus, amen."

Il est recommandé de réciter cette prière régulièrement, par exemple chaque matin ou chaque soir, pour maintenir une atmosphère spirituelle positive dans notre maison.

13.2 Les rituels de purification des lieux

Les rituels de purification des lieux sont des pratiques spirituelles utilisées pour éliminer les énergies négatives et purifier un lieu de toute influence spirituelle néfaste. Ces rituels peuvent être utilisés lorsque l'on ressent une présence ou une atmosphère négative dans notre maison, ou après des événements négatifs tels qu'un conflit ou une maladie.

Il existe différentes méthodes de purification des lieux, mais elles ont toutes en commun l'utilisation de

symboles et de prières pour éliminer les énergies négatives et invoquer la présence de Dieu.

Voici quelques exemples de rituels de purification des lieux :

- L'utilisation de l'encens : brûler de l'encens, tel que le sauge ou le palo santo, dans chaque pièce de la maison en récitant des prières de purification.

- La bénédiction de l'eau : bénir de l'eau avec des prières spécifiques et asperger chaque pièce de la maison avec cette eau bénite.

- La prière de purification : réciter une prière spécifique de purification dans chaque pièce de la maison, en demandant à Dieu de purifier le lieu de toute influence négative.

Il est important de noter que ces rituels de purification des lieux ne sont pas des pratiques magiques, mais plutôt des pratiques spirituelles qui nous aident à nous

connecter avec Dieu et à invoquer sa présence dans notre maison.

En conclusion, la protection de notre foyer est importante pour maintenir une atmosphère spirituelle positive. Les prières de bénédiction pour la maison et les rituels de purification des lieux sont des pratiques spirituelles qui nous aident à invoquer la présence de Dieu et à éliminer les énergies négatives de notre maison.

CHAPITRE 14

14.1 L'exorcisme sacramental dans l'Église catholique

L'exorcisme sacramental est une forme spécifique d'exorcisme pratiquée dans l'Église catholique. Il est réalisé par un prêtre autorisé par l'évêque et est basé sur l'autorité spirituelle de l'Église.

L'exorcisme sacramental est utilisé pour libérer une personne possédée par un démon ou souffrant d'une influence démoniaque. Il est réalisé en utilisant des prières spécifiques, des rituels et des symboles religieux, tels que l'eau bénite et le crucifix.

L'exorcisme sacramental est considéré comme un sacrement de l'Église catholique et est régi par des règles strictes. Il ne peut être pratiqué que par un prêtre autorisé et après une évaluation approfondie de la situation par l'évêque.

14.2 L'exorcisme dans d'autres traditions religieuses

L'exorcisme est également pratiqué dans d'autres traditions religieuses, bien que les méthodes et les croyances puissent varier.

Dans l'islam, l'exorcisme est appelé "ruqyah" et est réalisé en récitant des versets du Coran et en utilisant des prières spécifiques. Les imams et les personnes qualifiées sont chargés de réaliser l'exorcisme.

Dans le judaïsme, l'exorcisme est appelé "hagbah" et est réalisé en utilisant des prières et des rituels spécifiques, souvent en présence d'un rabbin.

Dans certaines traditions bouddhistes et hindouistes, l'exorcisme est réalisé en utilisant des mantras, des prières et des rituels spécifiques pour éliminer les influences négatives et purifier l'âme.

Il est important de noter que chaque tradition religieuse a ses propres croyances et pratiques en matière d'exorcisme, et il est essentiel de respecter ces différences et de consulter des personnes qualifiées dans chaque tradition pour obtenir des conseils et une assistance appropriés.

<u>En conclusion</u>, l'exorcisme sacramental est pratiqué dans l'Église catholique et est basé sur l'autorité spirituelle de l'Église. L'exorcisme est également pratiqué dans d'autres traditions religieuses, avec des méthodes et des croyances spécifiques à chaque tradition. Il est important de respecter ces différences et de consulter des personnes qualifiées dans chaque tradition pour obtenir des conseils et une assistance appropriés.

CHAPITRE 15

15.1 L'importance d'écouter et de soutenir les personnes en détresse

Lorsqu'une personne est possédée ou souffre d'une influence démoniaque, il est essentiel de lui offrir une écoute attentive et un soutien compatissant. Ces personnes peuvent être confrontées à des expériences terrifiantes et déstabilisantes, et il est important de reconnaître leur souffrance et de leur offrir un espace sûr pour s'exprimer.

L'écoute active et empathique est une compétence essentielle dans ces situations. Cela signifie être présent mentalement et émotionnellement, en accordant toute son attention à la personne qui parle. Il est important de ne pas interrompre, de poser des questions ou de donner des conseils, mais simplement d'écouter avec bienveillance et de montrer de l'empathie.

En outre, il est important de reconnaître que chaque personne est unique et que sa souffrance peut être complexe et multifacette. Il est donc important de ne pas minimiser ou juger les expériences de la personne, mais plutôt de les valider et de les respecter.

15.2 La nécessité de ne pas juger mais d'aimer inconditionnellement.

Lorsqu'une personne est possédée ou souffre d'une influence démoniaque, il est crucial de ne pas porter de jugement sur elle. La possession et l'influence démoniaque sont des phénomènes complexes et souvent mal compris, et il est important de ne pas blâmer ou stigmatiser la personne concernée.

Au lieu de cela, il est essentiel d'aimer inconditionnellement la personne et de lui offrir un soutien aimant et compatissant. Cela signifie accepter la personne telle qu'elle est, sans jugement ni condition. L'amour inconditionnel implique d'être présent pour la personne, de l'écouter, de la soutenir et de l'encourager dans son processus de guérison.

Il est également important de se rappeler que l'amour inconditionnel ne signifie pas accepter ou tolérer les comportements destructeurs ou nuisibles. Il s'agit plutôt de reconnaître la valeur intrinsèque de chaque personne et de lui offrir un soutien aimant pour qu'elle puisse trouver la guérison et la libération.

En conclusion, la compassion et l'amour envers les personnes possédées ou souffrant d'une influence démoniaque sont essentielles. Il est important d'écouter et de soutenir ces personnes, de ne pas les juger mais de les aimer inconditionnellement. Cela implique d'être présent pour elles, de les écouter avec empathie et de leur offrir un soutien aimant dans leur processus de guérison.

CHAPITRE 16

16.1 Les récits inspirants de personnes libérées des forces démoniaques

Les témoignages de délivrance sont des récits inspirants de personnes qui ont été libérées des forces démoniaques. Ces témoignages sont souvent puissants et émouvants, car ils mettent en lumière la réalité de la possession et de l'influence démoniaque, ainsi que la puissance de la guérison et de la libération.

Ces récits peuvent provenir de personnes de tous horizons, de toutes cultures et de toutes religions. Ils racontent souvent des expériences terrifiantes établies, et les transformations qui ont suivi leurs témoignages offrent la réalité de la possession et de l'influence démoniaque, qui est souvent méconnue ou niée. Ils permettent également de briser le tabou et la stigmatisation entourant ces expériences, en montrant que la guérison et la libération sont possibles.

16.2 L'espoir et la foi en la puissance de Dieu

Les témoignages de délivrance sont porteurs d'espoir et de foi en la puissance de Dieu. Ils montrent que, même dans les situations les plus sombres et les plus désespérées, il y a toujours de l'espoir et la possibilité de trouver la guérison et la libération.

Ces témoignages mettent en évidence la puissance de la prière, de la foi et de la relation avec Dieu dans le processus de délivrance. Ils montrent que Dieu est capable de vaincre les forces démoniaques et de restaurer la vie des personnes qui en sont affectées et qu'il y a de l'espoir pour leur propre guérison et libération.

En conclusion, les témoignages de délivrance sont des récits inspirants de personnes libérées des forces démoniaques. Ils offrent un aperçu de la réalité de la possession et de l'influence démoniaque, ainsi que de l'espoir et de la foi en la puissance de Dieu. Ces récits sont importants car ils brisent le tabou et la stigmatisation entourant ces expériences, et offrent un encouragement pour ceux qui sont confrontés à des situations similaires.

CHAPITRE 17

17.1 L'armure de Dieu et la lutte contre les forces des ténèbres

Dans le chapitre 17, nous abordons le sujet des armes spirituelles pour la victoire contre les forces des ténèbres. L'apôtre Paul nous exhorte dans nous revêtir de l'armure de Dieu pour pouvoir résister aux attaques du diable et de ses démons.

L'armure de Dieu comprend plusieurs éléments essentiels :

1. La ceinture de la vérité : La vérité de la Parole de Dieu est notre ceinture qui nous protège contre les mensonges et les fausses doctrines.

2. La cuirasse de la justice : La justice de Christ nous protège contre les accusations du diable. En étant justifiés par la foi en Jésus, nous sommes couverts par sa justice.

3. Les chaussures de l'évangile de paix : Ces chaussures nous permettent de marcher dans la paix de Dieu et de partager l'évangile avec assurance.

4.Prière de foi. La foi en Dieu est notre bouclier qui éteint les flèches enflammées du diable. En croyant en la puissance de Dieu, nous sommes protégés contre les attaques spirituelles.

5. Le casque du salut : Le salut en Jésus-Christ est notre casque qui protège notre esprit contre les pensées et les mensonges du diable.

6. L'épée de l'Esprit : La Parole de Dieu est l'épée qui préserve du diable, en méditant sur la Parole, nous pouvons résister aux tentations et aux mensonges.

En revêtant l'armure de Dieu, nous sommes équipés pour lutter contre les forces des ténèbres et pour remporter la victoire en Christ.

17.2 La prière du Notre Père comme modèle de protection

Dans ce chapitre, nous explorons également la prière du Notre Père comme modèle de protection spirituelle. Jésus nous a enseigné cette prière dans lequel nous demandons à Dieu de nous délivrer du mal.

La prière du Notre Père comprend plusieurs demandes qui sont essentielles pour notre protection :

1. "Que ton soit sanctifié" : demandant de sanctifier son nom exerce sur nous, une souveraineté sur notre existence? nous devenons l’objet de tous ses souhaits.

3Que ta volonté soit faite sur la terre comme au ciel ça nous soumet à son plan parfait pour notre vie.

4. "Donne-nous aujourd'hui notre pain quotidien" : En demandant à Dieu de pourvoir à nos besoins quotidiens, nous reconnaissons notre dépendance envers lui.

5. "Pardonne-nous nos offenses" : En demandant à Dieu de nous pardonner nos péchés son pardon de sa grâce. "Ne me soumet pas à la tentation, mais délivre nous du mal: En est au-delà de nous protéger des tentations et du mal, nous reconnaissons notre vulnérabilité et notre besoin de sa protection.

La prière du Notre Père est un modèle puissant de protection spirituelle. En la priant régulièrement, nous nous soumettons à lui et nous lui demandons de nous protéger des attaques du diable.

En conclusion, le chapitre 17 explore les armes spirituelles pour la victoire contre les forces des ténèbres. Nous apprenons à revêtir l'armure de Dieu et à utiliser la prière du Notre Père comme modèle de protection spirituelle. En utilisant ces armes, nous sommes équipés pour résister aux attaques du diable et pour remporter la victoire en Christ.

CHAPITRE 18

PRIÈRES POUR L'EXORCISME

Dans le chapitre 18,

Nous abordons le sujet des prières pour l'exorcisme. L'exorcisme est un ministère spirituel qui consiste à chasser les démons au nom de Jésus. C'est un domaine qui nécessite une grande sensibilité spirituelle et une profonde relation avec Dieu.

Lorsque nous nous engageons dans le ministère de l'exorcisme, il est essentiel de rechercher la protection divine. Les forces des ténèbres sont puissantes et peuvent tenter de s'opposer à notre travail. C'est pourquoi nous devons nous revêtir de l'armure de Dieu et utiliser les armes spirituelles pour résister aux attaques du diable.

Une prière de consécration et de renouvellement spirituel est également importante pour l'exorciste. Cette prière consiste à se consacrer entièrement à Dieu et à lui demander de renouveler notre esprit, notre cœur et notre force spirituelle. Nous reconnaissons notre dépendance totale envers Dieu et lui demandons de nous remplir de son Esprit Saint pour accomplir son œuvre.

Voici un exemple de prière de consécration et de renouvellement spirituel :

"Seigneur, je me consacre sincèrement à toi. Je reconnais que je ne peux rien accomplir par mes propres forces, mais seulement par ton Esprit Saint. Je te demande de renouveler mon esprit, mon cœur et ma force spirituelle."

Remplis-moi de ton Esprit Saint, afin que je puisse marcher dans ta puissance et ton autorité. Purifie mon esprit de toute pensée impure et de toute influence démoniaque. Renouvelle mon cœur, afin que je puisse aimer comme tu aimes et avoir compassion pour ceux qui sont opprimés par les démons.

Je te demande aussi de me protéger des attaques du diable et de me revêtir de ton armure. Que ta vérité soit ma ceinture, ta justice ma cuirasse, ton évangile de paix mes chaussures, ma foi mon bouclier, ton salut mon casque et ta Parole mon épée.

Je te remercie, Seigneur, pour l'opportunité de servir dans le ministère de l'exorcisme. Je te demande de me guider, de me fortifier et de me donner la sagesse et le discernement nécessaires pour chasser les démons au nom de Jésus.

Au nom puissant de Jésus, je déclare que je suis revêtu de ton autorité et que je marche dans ta victoire. Amen."

<u>En conclusion</u>, le chapitre 18 explore les prières pour l'exorciste. Nous apprenons l'importance de rechercher la protection divine et de se revêtir de l'armure de Dieu. Nous découvrons également l'importance de la prière de consécration et de renouvellement spirituel pour l'exorciste. En utilisant ces prières, nous sommes équipés pour exercer le ministère de l'exorcisme avec puissance et autorité au nom de Jésus.

CHAPITRE 19

QUESTIONS FRÉQUENTES SUR L'EXORCISME

Dans le chapitre 19,

Nous abordons les questions fréquentes sur l'exorcisme. L'exorcisme est un sujet qui suscite souvent des doutes et des inquiétudes, tant chez les exorcistes que chez les personnes qui cherchent de l'aide. Il est important d'aborder ces questions avec foi et sagesse spirituelle.

Une question fréquente est de savoir si l'exorcisme est réel ou simplement le fruit de l'imagination. Il est important de comprendre que l'exorcisme est un ministère spirituel basé sur la réalité de l'existence des démons et de leur influence sur les êtres humains. La Bible nous parle clairement de l'existence des démons et de la nécessité de les combattre au nom de Jésus.

Une autre question courante concerne les risques liés à l'exorcisme. Il est vrai que l'exorcisme peut être un ministère dangereux, car il implique de s'engager dans une bataille spirituelle contre les forces des ténèbres. Cependant, en tant qu'exorcistes, nous devons nous appuyer sur la puissance de Dieu et nous revêtir de son armure pour nous protéger des attaques du diable.

Une autre question fréquente est de savoir si l'exorcisme peut être pratiqué par n'importe qui. Il est important de comprendre que l'exorcisme est un ministère spirituel qui nécessite une préparation et une formation adéquates. Il est essentiel d'avoir une relation profonde avec Dieu, une connaissance approfondie de sa Parole et une sensibilité spirituelle pour exercer l'exorcisme de manière efficace et en toute sécurité.

Une autre question courante concerne la durée et l'efficacité de l'exorcisme. Il est important de comprendre que chaque cas d'oppression démoniaque est unique et peut nécessiter un temps différent pour être complètement libéré. L'exorcisme peut être un processus progressif qui nécessite persévérance, prière et foi en la puissance de Dieu.

Enfin, une question fréquente concerne les résultats de l'exorcisme. Il est important de comprendre que l'exorcisme n'est pas une garantie de guérison instantanée et totale. Parfois, les démons peuvent partir immédiatement, mais dans d'autres cas, ils peuvent partir progressivement. Il est important de continuer à prier et à chercher la guérison complète en Jésus.

En conclusion, ce chapitre aborde les questions fréquentes sur l'exorcisme et souligne l'importance de répondre à ces questions avec foi et sagesse spirituelle. Nous comprenons que l'exorcisme est un ministère réel et qu'il nécessite une préparation adéquate. Il peut également être un processus progressif avec des résultats variables. En gardant notre foi en Dieu et en sa puissance, nous pouvons exercer l'exorcisme avec confiance et efficacité

CHAPITRE 20

CONCLUSION-VIVRE DANS LA LIBERTÉ EN CHRIST

Le chapitre 20,

Nous appelle à vivre dans la liberté en Christ, ce qui implique de marcher dans la foi, la prière et la consécration à Dieu. La foi est essentielle pour vivre une vie de liberté, car c'est par la foi que nous recevons la grâce de Dieu. La prière nous aide à rester connectés à Dieu et à vivre dans sa liberté.

Enfin, nous sommes encouragés à être des témoins de la puissance de Dieu dans nos vies. En vivant dans la liberté en Christ, nous sommes transformés et pouvons être des exemples vivants pour ceux qui nous entourent. Notre témoignage peut être un moyen d'aider d'autres personnes à trouver la liberté en Christ.

En conclusion, vivre dans la liberté en Christ nécessite de marcher dans la foi, la prière et la consécration à Dieu. En suivant ces voies, nous pouvons expérimenter la puissance de Dieu et aider les autres à trouver la liberté en Christ. Que notre vie soit un reflet de la liberté que nous avons en lui.

CONCLUSION GÉNÉRALE

Vivre dans la liberté nécessite la foi, la prière et la consécration à Dieu. En suivant ces voies, nous pouvons être en Dieu et aider les autres à trouver la liberté en Christ. Que notre vie soit un reflet de la liberté en lui.

Ce livre sur l'exorcisme et la délivrance nous rappelle l'importance de nous appuyer sur la puissance du Saint-Esprit et de rester humbles et dépendants de Dieu dans ce ministère. Comme le dit le psalmiste dans le Psaume 121:2, "Mon secours vient de l'Éternel, qui a fait les cieux et la terre." Nous devons nous tourner vers Dieu et lui faire confiance pour accomplir la délivrance.

Dans le livre de Daniel, nous voyons Daniel lui-même confronté à des esprits maléfiques, mais il s'est appuyé sur Dieu pour obtenir la délivrance. Dans Daniel 10:12-13, l'ange dit à Daniel: "Ne crains rien, Daniel, car dès le premier jour où tu as prié, tes paroles ont été entendues, et c'est à cause de tes paroles que je viens. Mais le prince du royaume de Perse m'a résisté vingt et un jours; alors Michel, l'un des principaux chefs, est venu à mon secours."Ces versets nous rappellent que Dieu est toujours prêt à nous délivrer lorsque nous nous tournons vers lui avec un cœur brisé et humilité. Il est le Dieu tout-puissant qui a le pouvoir de vaincre tous les esprits maléfiques. Nous devons donc nous appuyer sur lui et lui faire confiance dans notre ministère de l'exorcisme et de la délivrance.

Que ce livre nous inspire à nous approcher de Dieu avec foi et à nous appuyer sur sa puissance pour libérer les captifs. Que nous soyons conscients de notre dépendance totale de lui et que nous restions humbles dans notre ministère. Que la puissance du Saint-Esprit soit à l'œuvre en nous et à travers nous pour apporter la liberté et la délivrance à ceux qui en ont besoin.

BIOGRAPHIE :

Aimé Moussy, un élu de Dieu, est un auteur prolifique dans le domaine spirituel. Sa plume d'une rare finesse et d'une élégance sans pareille captive les lecteurs les plus exigeants. Avec "La Puissance de l'Esprit: L'exorcisme et la Délivrance dans le Monde Spirituel", il laisse une empreinte indélébile dans le monde littéraire.

Sommaire

Bien aimés,

Le contenu du livret"**LA PUISSANCE DE L'ESPRIT: L'EXORCISME ET LA DELIVRANCE DANS LE MONDE SPIRITUEL",** ne peut être ni distribué, ni imprimé, ni copié car le travail spirituel demande un sacrifice personnel.

En cas de non respect de ces consignes, vous ne verrez pas l'accomplissement de votre investissement spirituel.

Printed by Books on Demand GmbH, Norderstedt / Germany